BEAUX

OBJETS D'ART

MEUBLES ANCIENS

MAJOLIQUES ITALIENNES

DES XVIᵉ, XVIIᵉ & XVIIIᵉ SIÈCLES

CUIVRES, MARBRES, FERS

SUPERBES TAPISSERIES DU XVIᵉ SIÈCLE

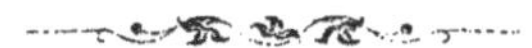

Mᵉ CHARLES OUDART

COMMISSAIRE-PRISEUR

Boulevart des Italiens, 26.

M. ÉMILE BARRE

EXPERT

rue de la Chaussée-d'Antin, 20.

RENOU & MAULDE

IMPRIMEURS DE LA COMPAGNIE DES COMMISSAIRES-PRISEURS

Rue de Rivoli, 144.

CATALOGUE

D'UNE BELLE RÉUNION

D'OBJETS D'ART

ET

D'AMEUBLEMENT

MEUBLES, COFFRES & CABINETS SCULPTÉS

INCRUSTÉS & DAMASQUINÉS DES XVIᵉ & XVIIᵉ SIÈCLES

TRÈS-BELLES MAJOLIQUES

DES ANCIENNES FABRIQUES

De GUBBIO, URBINO, PESARO, FAENZA & MILAN

Riches Plaques en Faïence de Castelli;

TORCHÈRES & OBJETS EN CUIVRE & EN FER

Statue en Marbre blanc du XVIᵉ Siècle,

QUATRE MAGNIFIQUES TAPISSERIES DU XVIᵉ SIÈCLE

Collectionnés par **M. G. D....**

PENDANT SON SÉJOUR EN ITALIE

DONT LA VENTE AURA LIEU

HOTEL DROUOT, SALLE Nº 9

Le Lundi 30 Mars 1868, à 2 heures.

Par le ministère de Mᵉ **CHARLES OUDART**, Commissaire-Priseur,
Boulevart des Italiens, 26 ;
Assisté de M. **ÉMILE BARRE**, Expert, rue de la Chaussée-d'Antin, 20.

EXPOSITION PUBLIQUE

Le Dimanche 29 Mars 1868, de une heure à cinq heures.

PARIS — 1868

CONDITIONS DE LA VENTE

Elle sera faite au comptant.

Les Acquéreurs paieront CINQ POUR CENT en sus du prix d'adjudication.

L'Exposition mettant les Acquéreurs à même de se rendre compte de l'état des Objets, il ne sera reçu aucune réclamation une fois l'adjudication prononcée.

La Collection que nous mettons en vente a été
rassemblée *en Italie par M. G. D...* et se compose
uniquement de pièces de choix. Naturellement les
Majoliques y tiennent une grande place; on y
remarque une coupe signée de *Maestro Giorgio*,
datée de 1530; plusieurs Plats à *reflets métalliques*
de très-belle qualité; quelques belles pièces d'*Urbino*,
et surtout une très-curieuse réunion de *Plaques
anciennes de Castelli*, décorées de sujets variés.
Viennent ensuite une belle série de *Meubles* de la
Renaissance et des époques de Louis XIII et de
Louis XIV, de travail italien, et plus particulièrement
vénitien; quatre superbes *Tapisseries* du xvie siècle,
ornées de sujets mythologiques, avec des bordures
d'une richesse extrême, armoriées et couvertes
d'inscriptions en vieux français; un curieux *Groupe
en marbre* de la même époque représentant une
Allégorie de la Charité, et enfin, au milieu de ces
fers et de ces cuivres qu'on trouve si abondants et si
beaux en Italie, une pièce de premier ordre, une
Vasque en cuivre finement gravé ornée d'inscriptions
et d'incrustations en argent, avec écusson aux armes
de Venise.

Cette Vente est donc des plus intéressantes pour
tous les Amateurs d'Ameublements anciens.

E. B....

DÉSIGNATION

Tapisseries.

1 — Quatre superbes et grandes Tapisseries du xvi° siècle, ornées d'armoiries et représentant des sujets mythologiques avec inscriptions en vieux français. Les bordures sont ornées de trophées de chasse avec chiffres, et médaillons de figures.

Ces quatre belles pièces sont en bon état de conservation et forment pendants.

MEUBLES & OBJETS D'AMEUBLEMENT
DE LA RENAISSANCE
ET DES ÉPOQUES LOUIS XIII & LOUIS XIV

2 — Grand et beau Meuble à deux corps, en noyer incrusté d'ivoire, à rosaces et arabesques.

3 — Autre Meuble, à hauteur d'appui, formant bureau, et de travail analogue.

4 — Très-belle Table en ébène, avec incrustations d'ivoire, avec pied à balustre.

5 — Joli petit Meuble en ébène, formant étagère à l'intérieur et orné de glaces à biseau.

6 — Charmant et élégant meuble cabinet, à vantaux, avec tiroir à l'intérieur, en ébène incrusté d'ivoire gravé et de plaques en lapis-lazuli. Le dessus forme coffret avec glace à l'intérieur.

7 — Curieux et riche petit Cabinet en fer repoussé et damasquiné argent rehaussé d'or, avec cariatides entre les tiroirs.

8 — Très-beau Coffret en noyer sculpté, haut-relief. Le panneau est orné d'un sujet mythologique, avec cariatides sur les côtes.

9 — Deux belles Torchères en bois sculpté, époque Louis XIV, formées par des personnages mythologiques.

10 — Grand et beau Buffet en noyer sculpté, formant dressoir. Les panneaux sont ornés de chimères et de cariatides finement sculptées.

11 — Grand et superbe Coffret de mariage en noyer, sculpté en haut relief, avec inscriptions et figures.

12 — Belle Glace à biseau, avec cadre guilloché, ancien travail vénitien.

13 — Autre belle Glace à biseau, avec cadre en ébène.

14 — Belle Cheminée en noyer sculpté. Les côtés offrent des cariatides d'anges, et la frise est ornée de mascarons et d'arabesques.

15 — Petite Glace en bois sculpté, à ornements rehaussés d'or.

16 — Autre Glace, même travail, et à cariatides.

17 — Deux Glaces en bois sculpté et doré, époque Louis XIV.

18 — Deux autres Glaces finement sculptées, même époque.

19 — Six jolies Chaises en noyer sculpté, avec incrustations en bois, de fleurs et d'oiseaux.

20 — Quatre autres Chaises en noyer sculpté.

21 — Belle Pendule en ébène, avec ornements en bronze doré. Le cadran est gravé et le mouvement est à carillon et à réveil.

22 — Autre Pendule de forme monumentale, avec colonnes en écaille ; le cadran représente l'Adoration des Mages ; le haut est orné d'un écusson en cuivre gravé.

23 — Deux beaux Supports, à hauteur d'appui, en noyer sculpté, orné de mascarons.

24 — Petit Meuble cabinet, à tiroir, en ébène et écaille, de forme monumentale.

25 — Petit Coffret en noyer incrusté d'ivoire.

Faïences.

26 — Plaque en faïence de *Castelli*, représentant un sujet pastoral.

26 bis — Plaque. Pendant du précédent.

27 — Deux Plaques en *Castelli*, sujet d'après *Lancret*.

28 — Deux belles Plaques en *Castelli*, sujet mythologique.

29 — Autre Plaque en faïence de *Castelli*, sujet biblique.

30 — Superbe Plaque en faïence de *Castelli*, représentant l'Évanouissement d'Esther.

31 — Grande et belle Plaque en *Castelli*, représentant la Toilette de Diane.

32 — Grande Plaque en *Castelli*, représentant Rébecca à la fontaine.

33 — Deux ravissantes petites Coupes en faïence de *Castelli*, représentant deux scènes pastorales.

34 — Beau Vase d'*Urbino*. Les anses sont formées par des chimères; sur la panse, un écusson orné de fleurs de lis.

35 — Très-beau Plat de l'ancienne fabrique d'*Urbino*, représentant un sujet ayant trait à l'histoire de Coriolan; derrière, il porte une inscription et la date 1547.

Cette pièce est d'une rare conservation et d'un grand fini de dessin.

36 — Superbe Coupe de l'ancienne fabrique de *Gubbio*, de *Maëstro Gorgio*, marquée et signée de 1530. L'ombilic est orné d'un buste de jeune femme, en relief, tenant un vase; le bord est décoré en relief de flammes à reflets métalliques rubis et or.

Pièce très-curieuse et de conservation rare.

37 — Grand et beau Plat *hispano-arabe*, à reflets métalliques. L'ombilic saillant porte un lion héraldique.

Cette pièce est ornée de dessins en relief.

38 — Joli Plat en ancienne faïence d'*Urbino*. L'ombilic saillant représente un sujet allégorique : la Justice.

Ce plat est décoré d'arabesques et de chimères.

39 — Belle Coupe profonde en ancienne fabrique d'*Urbino*. Le médaillon du centre représente un Amour, et le bord des trophées et faisceaux d'armes.

40 — Deux jolis petits Vases forme balustre, à anses. Les médaillons représentent des bustes de femmes.

41 — Grand Vase à anses, en ancienne faïence de *Faënza*.

42 — Deux petits Plats de l'ancienne fabrique de *Faënza*, portant les armoiries d'un cardinal.

43 — Petit Plat de *Gubbio*. Le milieu est orné d'une rosace et le bord est décoré d'arabesques.

44 — Écuelle et son Plateau en ancienne faïence de *Milan*, décor de fleurs rehaussé d'or.

45 — Autre Écuelle avec son Plateau, en ancienne faïence de *Milan*, décor de fleurs rehaussé d'or.

Même fabrique et décor analogue.

46 — Deux petits Vases en faïence de *Venise*.

47 — Beau Plat d'*Urbino*, à fond gris, ornements de fleurs en bleu rehaussé de blanc.

48 — Plat de *Pesaro*. Au centre, une figure de femme debout.

49 — Autre Plat de *Pesaro*, avec jeune homme debout en costume du xvie siecle.

50 — Beau Plat de l'ancienne fabrique *della Frata*, avec ornements en relief et en creux. Au centre, un blason.

51 — Deux Vases en faïence de *Génes*, décor de figures.

52 — Grand Plat formé par un poisson, fabrique de *Venise*.

53 — Cage de pendule en ancienne faïence de *Lodi*.

Fers et Cuivres.

54 — Superbe et grande Vasque en cuivre, très-finement gravé, orné d'inscriptions et d'incrustations en argent.

Les quatre rosaces du tour portent au centre un écusson émaillé, aux armes de Venise. L'intérieur est également orné d'inscriptions et d'arabesques. Beau travail du xvie siècle.

55 — Autre petite Vasque à inscriptions et personnages, de travail analogue.

56 — Grand et beau Brazero en cuivre jaune repoussé et gravé, avec couvercle découpé à jour, et surmonté d'une statuette : Allégorie de l'Hiver.

57 — Grand Vase à couvercle et à anses formant fontaine, de travail analogue, avec son bassin formé par une coquille.

57 bis. — Vase de forme basse en métal de cloche, très-finement gravé, avec anse.

58 — Jolie Gourde en cuivre rouge repoussé et gravé, ornée de fleurs et de mascarons.

59 — Grande et belle Vasque en cuivre repoussé, de forme ovale, à anses contournées, reposant sur quatre griffes de lion.

59 bis. — Autre Vasque de même forme et de travail analogue.

60 — Seau en cuivre repoussé orné d'aigles et d'animaux chimériques.

60 bis. — Autre Seau du même travail.

61 — Autre Seau de forme allongée et de travail analogue.

62 — Lanterne vénitienne en cuivre rouge repoussé et décor à jour.

63 — Petite Jardinière de même travail.

64 — Beau Lustre flamand en cuivre, à 12 lumières, sur deux rangs.

65 — Grand et beau Plat en cuivre gravé orné d'arabesques.

66 — Autre Plat en cuivre repoussé et orné d'inscriptions.

67 — Autre joli Plat avec figures en repoussé, même travail.

68 — Paire de Chenets en cuivre gravé, époque de Louis XIII.

Fers.

69 — Deux grandes Torchères formant flambeaux, à 12 lumières, surmontées d'une couronne héraldique.

70 — Beau Balcon en fer forgé, orné de reptiles et d'arabesques. Travail du xve siècle.

71 — Joli Cadre en fer forgé et repoussé, avec cariatides sur les côtés et écusson fleurdelisé au sommet.

72 — Deux autres Bordures de même travail, avec fleurs de lis aux angles.

73 — Trépied en fer forgé et doré; beau travail vénitien.

74 — Chaînons de lustre et Trépieds en fer forgé.

Marbres.

75 — Lion en marbre, couché, et tenant une boule dans ses pattes.

75 bis. — Lionne en marbre.

76 — Un superbe Groupe en marbre représentant une femme tenant un enfant dans ses bras et deux autres à ses côtés. Sujet allégorique de la Charité. Remarquable travail du commencement du XVIe siècle. — Pièce en parfait état.

Objets divers.

77 — Curieux Reliquaire formé par une tête d'homme, cuivre doré et émaillé très-finement, gravé et repoussé.

78 — Panneau en noyer, sculpté et en partie doré, représentant les Rois Mages apportant des présents à l'Enfant Jésus, travail du xvie siècle.

79 — Deux beaux Devants de coffre en bois sculpté, époque de la Renaissance.

80 — Deux charmantes Statuettes en bois sculpté et doré, formant flambeaux.

81 — Petit Cadre sculpté, orné de mascarons.

82 — Bouteille à anse, de forme aplatie, en verre de Venise flambé.

83 — Jolie petite Coupe en ancien verre de Venise, avec monture en bronze doré.

84 — Guitare en ébène, incrustée d'ivoire gravé, et portant une inscription à la date de 1630.

85 — Deux Tableaux, par le chevalier Malté, représentant des instruments de musique et de science posés sur une table recouverte d'un tapis.

86 — Serrure en fer gravé, à ornements à jour.

86 bis. — Autre Serrure, ornée d'une cariatide.

87 — Serrure ornée de mascarons, finement gravée et découpée à jour.

88 — Deux Panneaux en bois sculpté, peint et doré ; haut-
relief, travail italien du xvᵉ siècle.

---

89 — Sous ce numéro seront vendus les Objets non cata-
logués.

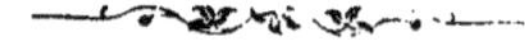

Renou et Maulde, imprimeurs de la Compagnie des Commissaires-Priseurs,
rue de Rivoli, 144.   12996